こころの四季❹

【韓鶴子女史のメッセージ】

光言社

「神様の真《まこと》の愛を中心として夫婦が一つとなり、
親子が一つとなって築かれた真の愛の家庭が、
すべての平和の根源になります」

愛とは、家庭とは……。
神様の真の愛で一つになること、
平和をつくりだすことの大切さなど、
韓鶴子《ハンハクチャ》女史の愛のメッセージを贈ります。

第一章
愛

幸福は、
お金があるから来るのではなく、
心に平和があってこそ来るのです。
ですから皆さんは、
毎朝、起きてみ言《ことば》を訓読しながら、
それが生活の指針書だと思って、
「私は幸せな人だ」と、
大きな声で唱えて
一日を出発すればよいのです。

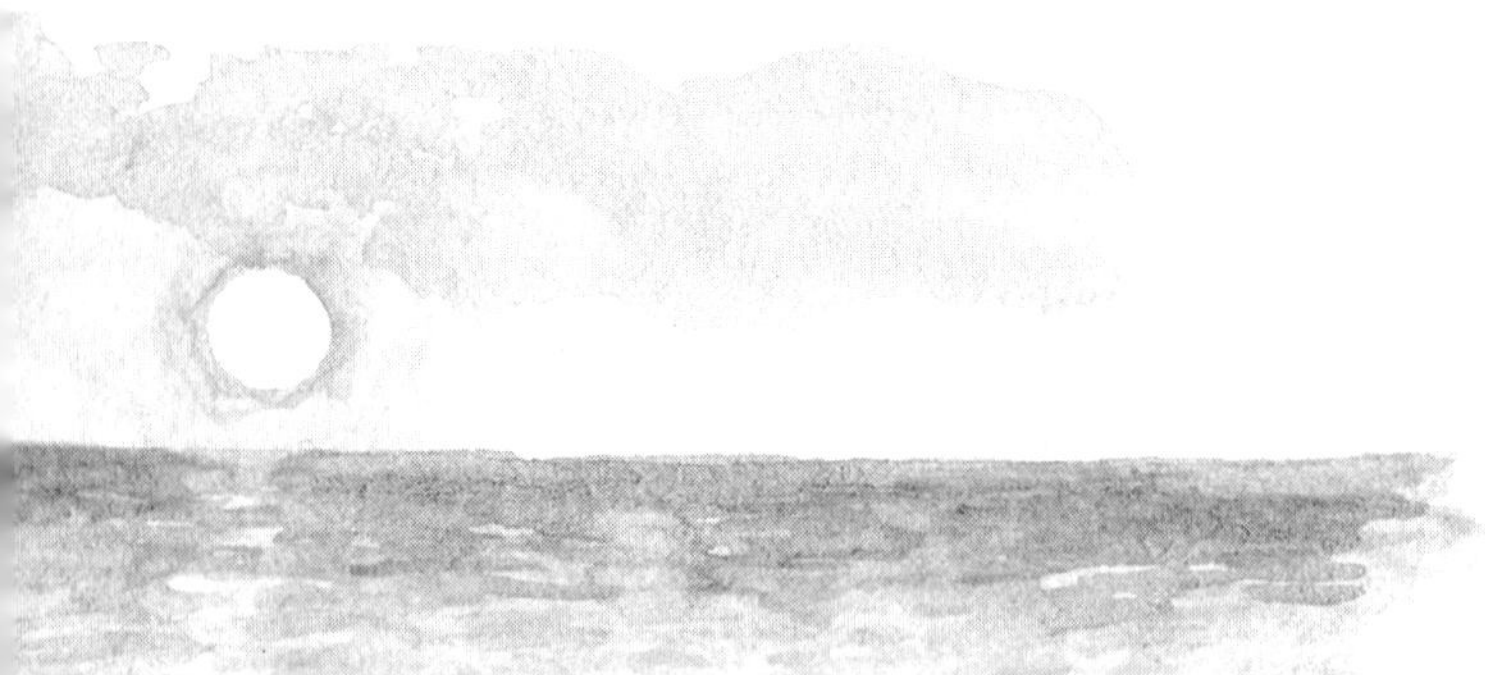

朝、目を覚ましたら、
「私はきょう、幸福な一日を始める！」
と言って、
大きな声で笑いなさい。
そうすれば、
すべての病気もよくなります。
そして、仕事の能力も上がり、
健康になるのです。

愛が先ですか、
生命が先ですか。
愛が先であるというのです。
なぜなら人間の生命は
愛によって、
愛の理想を中心として
受胎したからです。
人間の生命の本質は、
正に愛なのです。

すべてのものは、
投入すれば消耗し、
終わってしまいますが、
真の愛は、投入すれば
するほど大きくなって、
さらに増して返ってくるのです。
そのため、真の愛を実践する
家庭と社会は、
滅びることなく、
発展するのです。

女性は男性がいなくては、
神様の愛と出会うことは
できないし、
男性は女性がいなくては、
神様の愛を所有する
ことはできないのです。
それゆえ、男性と女性は、
平等な価値を
持っているのです。

夫婦が真の愛の
パートナーとなれば、
創造主と人間は、
真の愛を中心として
平等の価値を
持つようになるのです。

神様が人間を
創造されるとき、
なぜ、男性と女性が
互いに相対となるように
造られたのでしょうか。
それは真の愛のためです。

真の愛の中では、
夫は妻の、
妻は夫の愛を
分かち合うように
なっています。
夫と妻とが
互いに横的な愛を
分かち合えば、
神様の愛を所有するように
なるのです。

一人では、
幸福になることはできません。
幸福は、分け与えてこそ、
もっと大きな幸福となります。

真の愛とは、
神様を中心とした
絶対愛のことをいいます。
愛せないもの、
怨讐《おんしゅう》までも
愛するのです。

相手のために
生命までも捧げる
犠牲的な愛となるのです。
真の愛のもとでは、
対立や葛藤《かっとう》も
完全に溶かされ、
真なる平和が
成就されるのです。

今、地球上では
数千万の人々が
飢餓にあえいでいます。
しかし、これは
食糧問題である前に、
愛の問題なのです。

飢えに苦しむ彼らを
自分の家族として
見ることができないところに、
問題があるのです。

「女は弱し、されど母は強し」
という言葉があります。
女性自体はか弱い者ですが、
母として
愛の主体的立場に立ったり、
妻や娘として
愛の中心的役割を
果たす時には、
女性は、この上なく
強くなるものです。

子供を育てるために献身し、
犠牲さえも厭《いと》わないのが、
女性の生まれ持つ特性です。

この美徳を
生かすことによって、
女性は人種や宗教や
地域を超えて、
指導力を発揮できます。
だから、女性こそが、
世界平和の主役に
ならなければならないのです。

神様の願いは、
子である人間と一つになって、
人間のあらゆる経験を
共に分かち合うことです。

心と体が神様の真の愛と
一つになった人は、
そのすべての行動の中で
真の愛を表すようになります。

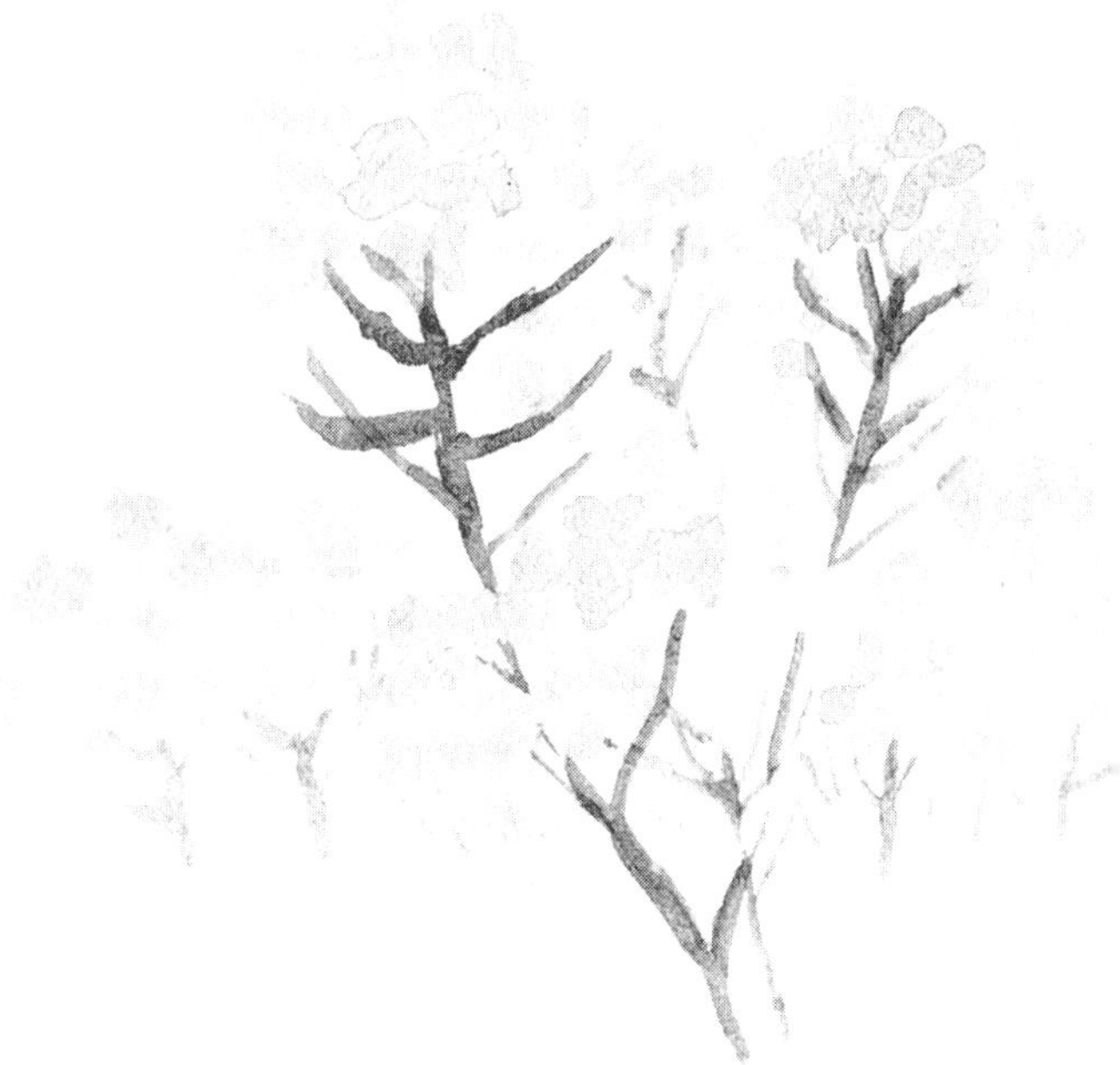

女性は本質的に、
愛と忍耐と許しに
向かおうとする
特性を持っています。
あたかも海洋が
大陸を包むように、
世界をかき抱くことが
できるのです。

愛を本質として
生まれた生命は、
「ために生きる」のが
天理です。
人間は生まれた時から
相手のために
生まれたのです。

人間は真の愛から生まれ育ち、
生きて、死んでいきます。
しかし、なくなってしまう
のではありません。
主体であられる神様が
永遠、不変、唯一なので、
その真の愛の
対象の立場に立つときには
永生するのです。

神様の心情を
真に感じるようになれば、
怨讐《おんしゅう》を打つことはできません。
逆に、怨讐を助けて
あげなければならないのです。

そうしてこそ、
愛を中心に
一つに抱こうとする、
天地の大道《たいどう》に近づくのです。
そこでは天地が感動し、
神様も涙を流されるのです。

人は誰もが最高を願います。
人間が最高の立場に立てば、
神様は私のものです。
また、私は神様のものです。

そのようになれば、
私は神様の子女となり、
神様と私が一つになるので、
宇宙は私の所有となります。

皆さんが結婚するとき、
相手が自分より
優れていることを
願うでしょう。
自分の子女が、
自分より優れていることを
願わない人が、
どこにいるでしょうか。
それは、誰に似たのですか。
神様に似ているのです。

人は地上で
肉身は老けますが、
夫婦生活をして
真の愛で愛すれば愛するほど、
霊人体は若くなります。
人間は長く生きれば生きるほど、
霊人体は最高に円熟した
美男、美女になるのです。

人間は愛で生まれ、
愛の道を行かなければ
なりません。
そして死ぬときも、
愛のために
死ななければ
なりません。

私たちの人生を見るとき、
生命より愛が
もっと貴いのです。

それだけでなく、
愛が生命よりも先なのです。
だから、愛のためには
生命までも喜んで捧げるのです。

自分を中心とし、
自分だけのために
生きる人は、
霊界に行って、
自由ではありません。

肉身を使って
生活していた時、
「ために生きる」真の愛を
実践した人は、
霊界で自由になることが
できるのです。

幸福な人は、
幸福を分かち合う喜びを
感じられなければなりません。

自分一人で持っていれば、
それで終わりですが、
それを分け与えるようになれば、
もっと大きな幸福が訪れるのです。

私たちの体のさまざまな器官は、
愛のために生まれました。

目は愛を探すために、
鼻も、愛の香りをかぐために、
耳も、愛の声を聞くために
生まれたのです。

いくら聞いても嫌気がせず、
好きな言葉は、「愛している」
という言葉です。

人だけでなく、
微々たるものまでも
愛することができる、
そのような心を
持たなければなりません。

花が咲けば、
その美しい色や香りは
自然に出るのです。
同様に、愛の花が
咲かなければならず、
愛の香りが自動的に
宿らなければならないのです。

植物が地と太陽から
栄養素を受けて成長するように、
「私」も肉身と霊人体の
授受作用によって
成長するのです。

肉身を通じて生力要素を受け、
霊人体を通じて生霊要素を
受けることにより、
愛の完備体になって、
どこへでも飛んでいく
ことができます。

そのようになれば、
すべての大宇宙世界は、
「私」の活動舞台になるのです。

第二章

家庭

人類は二人の人、
男性と女性で構成されています。
世界の複雑な問題も、
二人の人にかかっています。
真《まこと》なる二人によって成される
真の家庭の完成は、
全人類と世界の問題解決の
モデルになるのです。

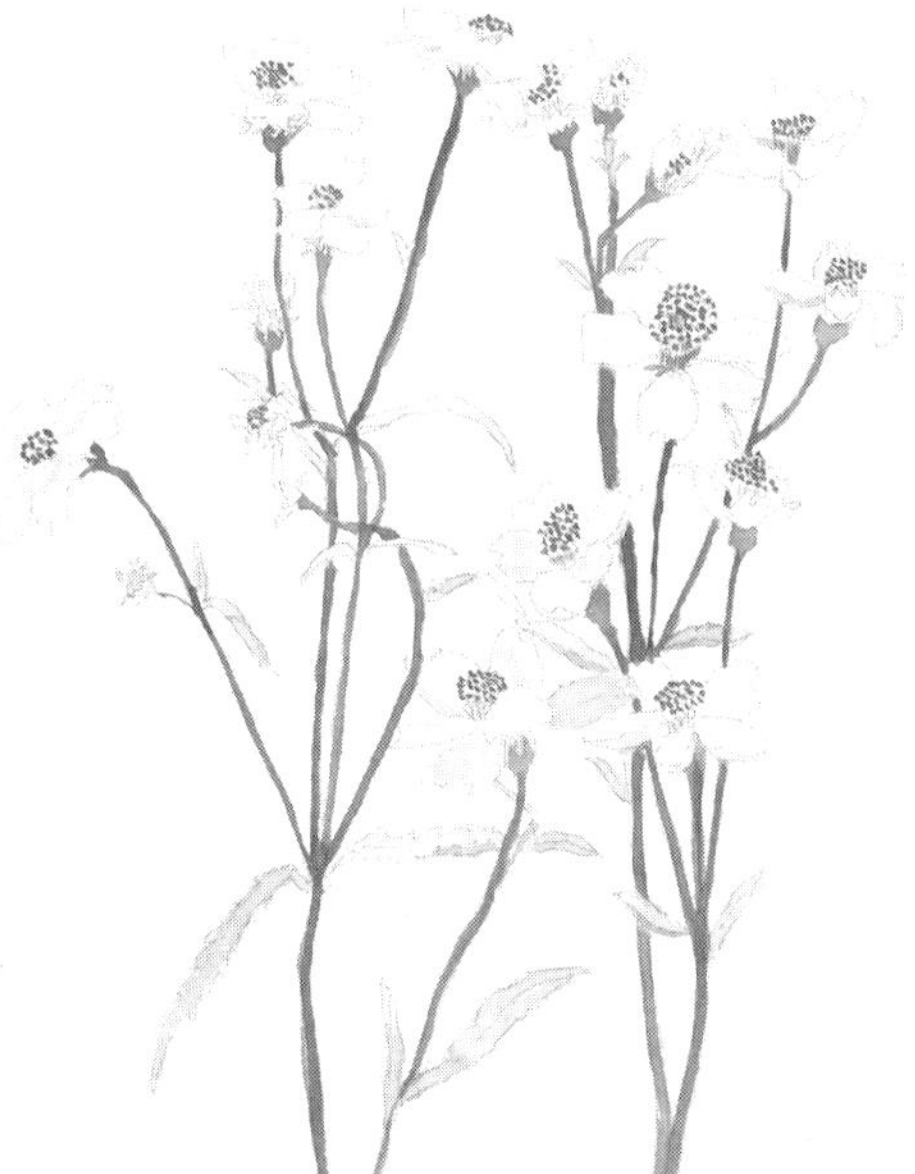

子女たちの誇りと
幸福の基地は
父母の愛です。
真の愛で
和合一体化した父母の愛の中で
養育されることを願います。

父母の最も貴い責任は、
子女たちの霊性を
完全にしてあげることです。
家庭が貴い理由は、
このためです。

生活的な経験を
通して体得する、
真なる子女の心情、
兄弟姉妹の心情、
夫婦の心情、
父母の心情は、
真なる家庭以外の、
どこでも得ることは
できません。

人は愛で生まれ、
愛を受けながら成長します。
このような立場で見るとき、
「私」は、父母の
愛の実なのです。
父母の愛が
どのようなものかを
見せたのが
「私」なのです。
愛の実であるので、
父母は「私」を愛するのです。

神様はなぜ怨讐《おんしゅう》に
罰を与えないのでしょうか。
彼らを愛する父母や
妻子がいることを
ご存じだからです。
神様こそ涙の谷間を
越えてこられた方なので、
父母や妻子の心情を感じて、
怨讐をむち打つことができないのです。

父母が自分をどれほど愛したかを、
自分が結婚して子供を生んで
育ててみることによって知るようになり、
その愛を引き継ぐのです。

そうすることによって、
愛を完全に受けることができ、
与えることができる
人になるのです。
完全な一人の男性、
女性として
成熟するのです。

父母は神様の立場を代表し、
夫と妻は、互いに
他の一方の神様になります。
そして息子、娘は、
また一つの神様です。

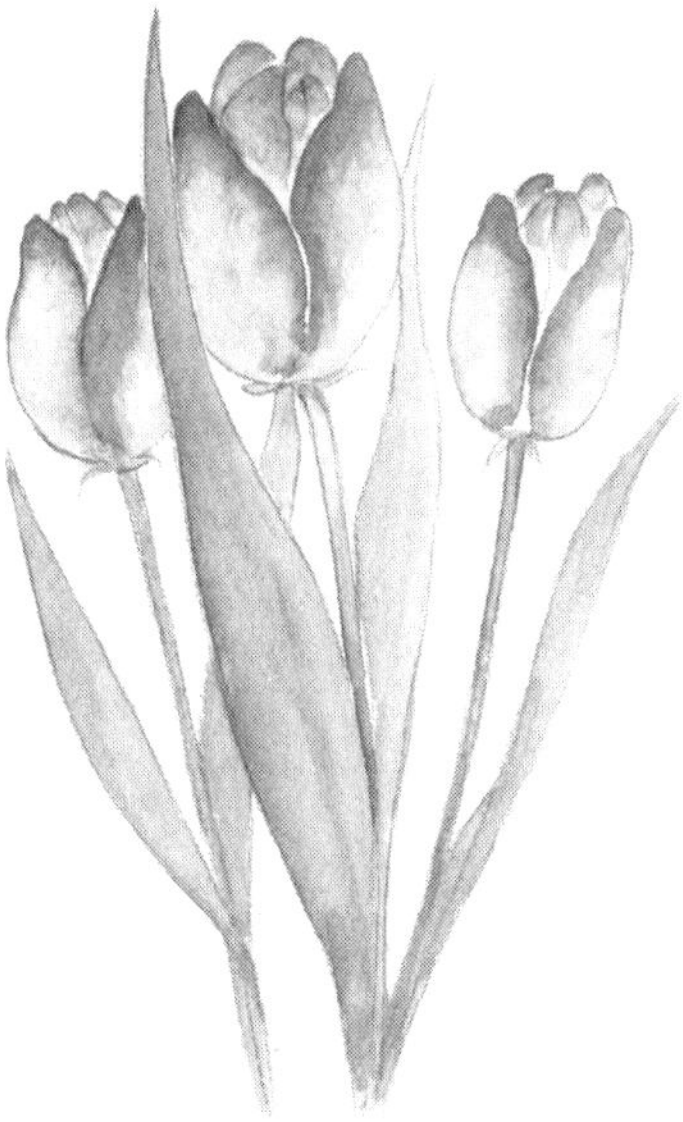

父母は神様の代身として
生きている神様であり、
夫婦も神様を代身し、
子女も神様を代身するのです。

このように、
三代が真の愛を中心として
神様の立場を代身するのです。

真の愛を中心として
男性と女性が一つになり、
理想的な夫婦となり、
家庭を築けば、
彼らは神様を代身する
立場に立つようになります。

そうなるとき、
神様のすべてが
自分のものになるのです。
どれほど幸福な立場でしょうか。

私たちは
愛で生まれ、
愛で生きながら
息子、娘を生んで、
愛の目的地に到達して
永遠に神様と共に
生きるために、
神様のところに帰るのです。

最も重要なものは、
真の愛、真の生命、
そして真の血統です。
真の愛には真の生命があり、
真の血統が連結されます。
真の血統が連結されなくては、
真の愛が成されないのです。

真の生命は、
真の愛と、真の血統の因縁の中で
宿るのです。

国は、家庭が
入ることができる
愛の家であり、
世界は、国が
入ることができる
愛の家であり、
天宙は、世界が
入ることができる
愛の家です。

女性が母、妻、娘として、
愛の主体的立場を取り、
相対のために
一〇〇パーセント
与え尽くした時、
その空白を、
神様の愛が
埋め尽くすのです。

母親は、献身的に
「ために生きる生活」をします。
自分自身のことより、
子女のため、
家庭のため、
また先祖のために生きる
美しい心があります。

自分に食べる物がなく、
着る物がなくても、
父母は何としても
それを準備して、
子供たちに
与えようと
するのです。

女性にとっての幸福は、
父母の愛、夫婦の愛、
子女の愛の中に
見いだすことができます。
真の愛を中心として、
きのうよりもきょう、
きょうよりもあすと、
「ために生きる」ことを
感謝しながら
努力し続けるのです。

韓鶴子《ハンハクチャ》女史

1943年、現在の北朝鮮で誕生、再臨主の降臨を待ち望む熱心なキリスト教徒の祖母と母のもとで育ちました。幼少の頃から聖者・聖女伝を深く読むなど、修道女のような生活を送りました。6歳の時、ある修道者から「天の新婦、人類の母になる」との預言を受けます。

1960年、17歳の時に世界的な宗教指導者、文鮮明《ムンソンミョン》師と御聖婚。夫妻で平和世界実現のために尽力しました。92年、世界的な女性平和組織を結成し、米国議会、国連本部などをはじめ世界各国で講演。「神様のもとの一つの家族（One Family under God）」の理想を実現しようと尽力しています。

本書は、韓鶴子女史の講演や様々な会合で語った内容を、光言社で翻訳し、編集したものです。

イラスト　下山田佳代／村上直子

こころの四季❹
韓鶴子女史のメッセージ　　定価（本体 550 円 + 税）

2016 年 4 月 10 日　初版発行
2017 年 3 月 15 日　第二刷発行

編集・発行　株式会社　光言社
〒 150-0042　東京都渋谷区宇田川町 37-18
TEL 03-3467-3105 FAX 03-3468-5418
http://www.kogensha.jp/
印刷　株式会社　ユニバーサル企画